The Day It Snowed In Summer: Short Stories for Norwegian Language Learners

Artici Bilingual Books

Published by Artici Bilingual Books, 2024.

While every precaution has been taken in the preparation of this book, the publisher assumes no responsibility for errors or omissions, or for damages resulting from the use of the information contained herein.

THE DAY IT SNOWED IN SUMMER: SHORT STORIES FOR NORWEGIAN LANGUAGE LEARNERS

First edition. February 28, 2024.

ISBN: 979-8224025886

Written by Artici Bilingual Books.

Table of Contents

Gåten om Gårdsplassen

Det var en stille morgen i den lille landsbyen, der solen kastet sitt gyldne lys over de brosteinsbelagte gatene og blomstene blomstret i de fargerike hagene. I hjertet av landsbyen lå en idyllisk gårdsplass, omgitt av gamle bindingsverkshus og skyggefulle trær. På gården sto en liten kafé, kalt "Gårdsplassens Gleder", der folk samlet seg for å nyte god mat og hyggelig selskap.

En tidlig morgen satt en gruppe venner ved et av bordene på gården, mens de nøt en deilig frokost i den friske luften. Blant dem var Maria, en ung kvinne med en livlig fantasi og en nysgjerrig natur. Hun hadde alltid vært fascinert av gårdsplassen og dens mystiske atmosfære, og hun kunne ikke motstå fristelsen til å utforske den nærmere.

Mens vennene pratet og lo, la de plutselig merke til en plakat som hang på veggen ved siden av dem. Det var en annonse for en gåtekonkurranse som skulle finne sted på gården senere den dagen, ledet av den legendariske detektiven, herr Jensen. Øynene til vennene lyste opp av spenning ved tanken på utfordringen som ventet dem.

"Vi må delta i gåtekonkurransen!" utbrøt Maria entusiastisk. "Det høres ut som en morsom måte å tilbringe dagen på!"

De andre vennene var enige, og de bestemte seg for å melde seg på konkurransen med en gang. Etter å ha betalt for frokosten sin, forlot de gården og begynte å gå mot hovedhuset, ivrige etter å få vite mer om gåtene som ventet dem.

Hovedhuset på gården var imponerende, med sine hvite vegger og rustikke tak. Det var omgitt av en vakker hage med fargerike blomster og grønne plener. Inne i huset møtte vennene herr Jensen, en eldre herre med skarpe øyne og et vennlig smil.

Herr Jensen ønsket dem velkommen og forklarte reglene for konkurransen. De ville bli delt inn i lag og måtte løse en rekke gåter og oppgaver for å finne løsningen på gåten om gården. Det ville være ledetråder skjult over hele eiendommen, og det var opp til dem å finne dem og løse gåtene.

Med spenning i hjertene sine ble vennene delt inn i lag og begynte å utforske gården. Overalt hvor de så, fant de ledetråder som ledet dem nærmere løsningen på gåten. De løste gåter og oppgaver sammen, og hvert steg brakte dem nærmere målet.

Etter mange timers leting og utfordringer, stod vennene til slutt foran en gammel brønn som sto midt på gårdsplassen. Den var overgrodd av løv og mose, og det var tydelig at den hadde vært ubrukt i mange år. Men det var noe med brønnen som virket mystisk og tiltrekkende, og vennene kunne ikke la være å undersøke den nærmere.

Med hjertene fylt av spenning begynte de å utforske brønnen og lete etter ledetråder. Etter en stund oppdaget de en gammel kiste som lå gjemt under lag av råtne planker og jord. Med skjelvende hender åpnet de kisten og så på skattene inni.

Men midt i gleden over å ha funnet skatten, oppdaget Maria plutselig noe som fanget oppmerksomheten hennes - en liten bok som lå på bunnen av kisten. Med forsiktige hender tok hun opp boken og åpnet den.

Inni fant hun gamle notater og dagboksopptak som tilhørte en tidligere eier av gården. Gjennom hans ord fikk hun et innblikk i gårdens historie og de menneskene som hadde bodd der før. Hun lærte om kjærligheten og intrigen som hadde formet gården gjennom årene, og hun ble dypt fascinert av historiene som ble fortalt.

Men det var én historie som fanget Maria mer enn noen annen - historien om en forsvunnet skatt som hadde blitt gjemt et sted på gården mange år tidligere. Det virket som om skatten hadde blitt glemt av tiden, men Maria kunne ikke la være å føle seg trukket mot mysteriet.

Med notatene i hånden begynte Maria å lete etter ledetråder som kunne lede henne til skatten. Sammen med vennene hennes utforsket hun hver krok av gården, på jakt etter spor som kunne lede dem på rett vei.

Til slutt, etter mange dagers leting og utfordringer, sto Maria og vennene hennes foran en gammel eik som sto ved kanten av gården. Det var her den forsvunne skatten skulle være gjemt, ifølge notatene de hadde funnet.

Med hjertene fylt av spenning begynte de å grave ved foten av treet, og til deres glede fant de snart en gammel kiste som var gjemt under jorden. Med skjelvende hender åpnet de kisten og så på skattene inni.

Men det mest verdifulle av alt var ikke skattene i seg selv, men den kunnskapen og historien de hadde oppdaget underveis. Gjennom gåten om gården hadde de fått et innblikk i fortiden og følt seg knyttet til menneskene som hadde levd sine liv der før dem.

Med hjertene fylt av glede og takknemlighet, lo og feiret Maria og vennene hennes sammen. De visste at de hadde opplevd noe helt spesielt, og at minnene fra den dagen ville vare livet ut.

The Puzzle of the Courtyard

It was a quiet morning in the small village, where the sun cast its golden light over the cobblestone streets and the flowers bloomed in the colorful gardens. At the heart of the village lay an idyllic courtyard, surrounded by old timber-framed houses and shady trees. In the courtyard stood a small café called "Courtyard Joys", where people gathered to enjoy good food and pleasant company.

One early morning, a group of friends sat at one of the tables in the courtyard, enjoying a delicious breakfast in the fresh air. Among them was Maria, a young woman with a lively imagination and a curious nature. She had always been fascinated by the courtyard and its mysterious atmosphere, and she couldn't resist the temptation to explore it further.

As the friends chatted and laughed, they suddenly noticed a poster hanging on the wall next to them. It was an advertisement for a puzzle competition that would take place in the courtyard later that day, led by the legendary detective, Mr. Jensen. The eyes of the friends lit up with excitement at the thought of the challenge awaiting them.

"We have to participate in the puzzle competition!" exclaimed Maria enthusiastically. "It sounds like a fun way to spend the day!"

The other friends agreed, and they decided to sign up for the competition right away. After paying for their breakfast, they left the courtyard and began to walk towards the main house, eager to learn more about the puzzles that awaited them.

The main house in the courtyard was impressive, with its white walls and rustic roof. It was surrounded by a beautiful garden with colorful flowers and green lawns. Inside the house, the friends met Mr. Jensen, an elderly gentleman with sharp eyes and a friendly smile.

Mr. Jensen welcomed them and explained the rules of the competition. They would be divided into teams and had to solve a series of puzzles and tasks to find the solution to the puzzle of the courtyard. There would be clues hidden all over the property, and it was up to them to find them and solve the puzzles.

With excitement in their hearts, the friends were divided into teams and began to explore the courtyard. Wherever they looked, they found clues that led them closer to the solution of the puzzle. They solved puzzles and tasks together, and each step brought them closer to the goal.

After many hours of searching and challenges, the friends finally stood in front of an old well in the middle of the courtyard. It was overgrown with leaves and moss, and it was clear that it had been unused for many years. But there was something about the well that seemed mysterious and enticing, and the friends couldn't resist the urge to investigate it further.

With their hearts filled with excitement, they began to explore the well and search for clues. After a while, they discovered an old chest hidden under layers of rotten planks and soil. With trembling hands, they opened the chest and looked at the treasures inside.

But in the midst of the joy of finding the treasure, Maria suddenly noticed something that caught her attention - a small book lying at the bottom of the chest. With cautious hands, she picked up the book and opened it.

Inside, she found old notes and diary entries that belonged to a former owner of the courtyard. Through his words, she gained insight into the history of the courtyard and the people who had lived there before. She learned about the love and intrigue that had shaped the courtyard over the years, and she was deeply fascinated by the stories that were told.

But there was one story that captivated Maria more than any other - the story of a lost treasure that had been hidden somewhere in the courtyard many years before. It seemed that the treasure had been forgotten by time, but Maria couldn't help but feel drawn to the mystery.

With the notes in hand, Maria began to search for clues that could lead her to the treasure. Together with her friends, she explored every corner of the courtyard, searching for clues that could lead them in the right direction.

Finally, after many days of searching and challenges, Maria and her friends stood in front of an old oak tree at the edge of the courtyard. This was where the lost treasure was supposed to be hidden, according to the notes they had found.

With their hearts filled with excitement, they began to dig at the foot of the tree, and to their joy, they soon found an old chest buried under the ground. With trembling hands, they opened the chest and looked at the treasures inside.

But the most valuable thing of all was not the treasures themselves, but the knowledge and history they had discovered along the way. Through the puzzle of the courtyard, they had gained insight into the past and felt connected to the people who had lived their lives there before them.

With hearts filled with joy and gratitude, Maria and her friends laughed and celebrated together. They knew they had experienced something truly special, and that the memories of that day would last a lifetime.

Spor av Sommer

Det var en varm sommerdag i den lille kystlandsbyen, der solen skinte høyt på himmelen og de hvite sandstrendene strakte seg langs kysten. Barn lekte gledestrålende i bølgene, mens duften av saltvann og solkrem fylte luften. I sentrum av landsbyen lå en liten kafé ved navn "Sommerbris", der folk samlet seg for å nyte den avslappede atmosfæren og den deilige maten.

Inne på kaféen satt en gruppe venner ved et av bordene, glade og bekymringsløse, mens de delte historier og lo hjertelig. Blant dem var Anna, en ung kvinne med et varmt smil og en eventyrlysten sjel. Hun hadde nettopp flyttet tilbake til landsbyen etter å ha tilbrakt mange år i byen, og hun var glad for å være tilbake blant venner og familie.

Mens vennene pratet og lo, la de plutselig merke til en plakat som hang på veggen ved siden av dem. Det var en annonse for en skattejakt som skulle finne sted på stranden senere den dagen, ledet av den mystiske eventyreren, kaptein Lars. Øynene til vennene lyste opp av spenning ved tanken på eventyret som ventet dem.

"Vi må delta på skattejakten!" utbrøt Anna entusiastisk. "Det høres ut som en fantastisk måte å tilbringe sommerdagen på!"

De andre vennene var enige, og de bestemte seg for å melde seg på skattejakten med en gang. Etter å ha betalt for kaffen sin, forlot de kaféen og begynte å gå mot stranden, ivrige etter å komme i gang med eventyret. Stranden var fylt med mennesker som hadde kommet for å delta på skattejakten, og det var en følelse av spenning i luften mens folk samlet seg rundt kaptein Lars, som sto på en liten scene og forberedte seg på å lede jakten.

Med et stort smil ønsket kaptein Lars alle velkommen og forklarte reglene for skattejakten. De ville bli delt inn i lag og måtte følge ledetråder som ville lede dem til skatten. Det ville være utfordringer underveis, men belønningen ville være vel verdt innsatsen.

Anna og vennene hørte nøye på, ivrige etter å komme i gang. Til slutt ble de delt inn i lag og fikk utdelt sine første ledetråder. Med spenning i hjertene sine begynte de å løpe nedover stranden, fulgt av latter og jubel.

De første ledetrådene førte dem til en gammel fyr som lå på enden av stranden. De måtte løse gåter og utføre oppgaver for å få neste ledetråd, og de nøt hvert øyeblikk av eventyret. Til slutt førte ledetrådene dem til en skjult grotte som lå gjemt under klippene ved stranden.

Med bankende hjerter gikk de inn i grotten og begynte å lete etter skatten. Det var mørkt og stille inne i grotten, og de måtte bruke lommelyktene sine for å se. Etter å ha lett en stund, fant de endelig skatten - en kiste fylt med glitrende skatter og gamle gjenstander.

Jubelen brøt ut blant vennene mens de åpnet kisten og så på skattene inni. Men midt i gleden over å ha funnet skatten, la Anna plutselig merke til noe som fanget oppmerksomheten hennes - en gammel notisbok som lå på bunnen av kisten.

Med skjelvende hender tok Anna forsiktig opp notisboken og åpnet den. Inni fant hun gamle fotografier, kart og notater som hadde tilhørt en annen gruppe eventyrere som hadde lett etter skatten mange år tidligere. Det virket som om de hadde kommet veldig nær å finne den, men hadde til slutt mislyktes.

Inspirert av historien bestemte Anna seg for å finne ut mer om denne andre gruppen eventyrere og se om hun kunne fullføre det de hadde startet. Med notisboken i hånden gikk hun tilbake til landsbyen og begynte å lete etter ledetråder som kunne lede henne på reisen.

Sammen med vennene sine begynte Anna å undersøke gamle kart og dokumenter, og etter hvert som de dykket dypere inn i historien, oppdaget de spor som førte dem til fjerne øyer og mystiske ruiner. De visste at de var på vei mot noe stort, og de var fast bestemt på å fullføre det de hadde startet.

Etter mange dagers leting og eventyr sto Anna og vennene hennes til slutt foran en gammel ruin på en øde øy langt til havs. Det var her den andre gruppen eventyrere hadde kommet tilbake til år etter år, i håp om å finne skatten som hadde unndratt seg dem.

Med bankende hjerter gikk de inn i ruinene og begynte å lete. Etter mange timers hardt arbeid, fant de til slutt det de hadde vært ute etter - en gammel kiste som lå gjemt under et lag av råtne planker og mose.

Med hjertene fylt av glede og spenning åpnet de kisten og så på skattene inni. Men midt i gleden over å ha funnet skatten, la Anna plutselig merke til noe som fanget oppmerksomheten hennes - en liten bok som lå på bunnen av kisten.

Med skjelvende hender tok Anna forsiktig opp boken og åpnet den. Inni fant hun gamle notater og dagboksopptak som tilhørte den første eventyrgruppen. Gjennom deres ord fikk hun et innblikk i deres reise og de utfordringene de hadde møtt underveis.

Men det var én ting som fanget Anna mest av alt - den siste oppføringen i dagboken, som snakket om en annen skatt som hadde blitt gjemt et sted langt borte. Det virket som om det var enda et eventyr som ventet dem, og Anna visste at hun og vennene hennes måtte utforske det videre.

Med skatten funnet og et nytt eventyr foran dem, visste Anna og vennene at de hadde opplevd noe helt spesielt. De hadde funnet ikke bare en skatt, men også et eventyr som ville vare livet ut, og de var takknemlige for hvert eneste øyeblikk av spenning og glede de hadde delt sammen.

Traces of Summer

It was a warm summer day in the small coastal village, where the sun shone high in the sky and the white sandy beaches stretched along the coast. Children played joyfully in the waves, while the scent of saltwater and sunscreen filled the air. In the center of the village lay a small café named "Summer Breeze", where people gathered to enjoy the relaxed atmosphere and delicious food.

Inside the café sat a group of friends at one of the tables, happy and carefree, sharing stories and laughing heartily. Among them was Anna, a young woman with a warm smile and an adventurous spirit. She had just moved back to the village after spending many years in the city, and she was delighted to be back among friends and family.

As the friends chatted and laughed, they suddenly noticed a poster hanging on the wall next to them. It was an advertisement for a treasure hunt that would take place on the beach later that day, led by the mysterious adventurer, Captain Lars. The eyes of the friends lit up with excitement at the thought of the adventure awaiting them.

"We have to participate in the treasure hunt!" exclaimed Anna enthusiastically. "It sounds like a fantastic way to spend the summer day!" The other friends agreed, and they decided to sign up for the treasure hunt right away. After paying for their coffee, they left the café and began to walk towards the beach, eager to get started on the adventure.

The beach was filled with people who had come to participate in the treasure hunt, and there was a sense of excitement in the air as people gathered around Captain Lars, who stood on a small stage preparing to lead the hunt.

With a big smile, Captain Lars welcomed everyone and explained the rules of the treasure hunt. They would be divided into teams and had to follow clues that would lead them to the treasure. There would be challenges along the way, but the reward would be well worth the effort. Anna and her friends listened carefully, eager to get started. At last, they were divided into teams and given their first clues. With excitement in their hearts, they began to run down the beach, followed by laughter and cheers.

The first clues led them to an old lighthouse at the end of the beach. They had to solve riddles and perform tasks to get the next clue, and they enjoyed every moment of the adventure. Finally, the clues led them to a hidden cave tucked away beneath the cliffs by the beach.

With their hearts pounding, they entered the cave and began to search for the treasure. It was dark and quiet inside the cave, and they had to use their flashlights to see. After searching for a while, they finally found the treasure - a chest filled with glittering treasures and old artifacts.

Cheers erupted among the friends as they opened the chest and looked at the treasures inside. But in the midst of the joy of finding the treasure, Anna suddenly noticed something that caught her attention - an old notebook lying at the bottom of the chest.

With trembling hands, Anna carefully picked up the notebook and opened it. Inside, she found old photographs, maps, and notes that had belonged to another group of adventurers who had searched for the treasure many years before. It seemed like they had come very close to finding it, but had ultimately failed.

Inspired by the story, Anna decided to learn more about this other group of adventurers and see if she could complete what they had started. With the notebook in hand, she returned to the village and began to search for clues that could lead her on the journey.

Together with her friends, Anna began to explore old maps and documents, and as they delved deeper into the story, they discovered traces that led them to distant islands and mysterious ruins. They knew they were on the path to something great, and they were determined to complete what they had started.

After many days of searching and adventure, Anna and her friends finally stood in front of an old ruin on a deserted island far out to sea. This was where the other group of adventurers had returned to year after year, hoping to find the treasure that had eluded them.

With their hearts filled with joy and excitement, they entered the ruins and began to search. After many hours of hard work, they finally found what they had been looking for - an old chest hidden beneath a layer of rotten planks and moss.

With the treasure found and a new adventure ahead of them, Anna and her friends knew they had experienced something truly special. They had found not only a treasure but also an adventure that would last a lifetime, and they were grateful for every moment of excitement and joy they had shared together.

I den lille fjellandsbyen Eidfjord, som lå dypt inne i de majestetiske fjellene og ved bredden av en glitrende fjord, levde en ung mann ved navn Anders. Anders var en drømmer, en som alltid hadde følt seg fascinert av naturen rundt seg og eventyrene som ventet bak hver eneste klippe og skogskledde ås.

En varm sommerdag, da solen skinte høyt på himmelen og fjellene glitret i det fjerne, bestemte Anders seg for å dra på et eventyr. Han pakket en ryggsekk med mat og vann, og snart la han ut på den bratte stien som førte opp i fjellene.

Mens han gikk, kunne Anders kjenne den friske fjellluften fylle lungene hans, og han kunne høre lyden av fuglesang og elvestryk i det fjerne. Han visste ikke hvor langt han skulle gå eller hva han skulle finne på veien, men han visste at han var klar for hva enn eventyret hadde å tilby.

Etter noen timers vandring nådde Anders en liten dal som lå skjult mellom de bratte fjellene. Dalen var grønn og frodig, med et klart fjellvann som speilet seg i sollyset. Anders kunne ikke hjelpe for å føle en følelse av undring og spenning ved synet av dette skjulte paradiset.

Mens han utforsket dalen, oppdaget Anders plutselig et gammelt, forlatt hus som sto ved bredden av vannet. Huset så ut til å ha stått tomt i mange år, med vinduene knust og døren hengslet av. Anders følte en nysgjerrighet brenne i brystet, og han bestemte seg for å utforske huset nærmere.

Med hjertet hamrende i brystet åpnet Anders døren til det forlatte huset og gikk inn. Inne fant han et rom fylt med støv og spindelvev, med gamle møbler og gjenstander som lå spredt rundt. Men det som fanget Anders' oppmerksomhet mest var en gammel bok som lå åpen på et bord i midten av rommet.

Med forsiktige hender plukket Anders opp boken og begynte å bla gjennom sidene. Han kunne se at den inneholdt historier og legender fra fjellene og dalene rundt Eidfjord, og han kunne ikke hjelpe for å føle seg trukket inn i fortellingene som sprang til liv på sidene foran ham.

Mens han leste, begynte Anders å føle en dyp forbindelse med stedene og menneskene som ble beskrevet i boken. Han kunne se for seg de bratte fjellveggene og de skogkledde åsene, og han kunne høre lyden av fossefallene og bekkenes rislende vann.

Plutselig hørte Anders en lyd utenfor huset, som om noen nærmet seg. Han la fra seg boken og gikk ut for å se hva som foregikk.

Utenfor sto en eldre mann med værbitt ansikt og et vennlig smil. "God dag, unge mann," sa han. "Jeg heter Olav, og jeg har bodd i disse fjellene hele mitt liv. Ser ut som om du har funnet veien til det gamle huset."

"God dag, Olav," svarte Anders. "Ja, jeg fant dette stedet ved en tilfeldighet. Det virker som om det er mange historier som gjemmer seg her."

"Det er det virkelig," sa Olav og nikket. "Dette huset har en lang historie, og det er mange som har bodd her gjennom årene. Jeg har selv hørt mange av legendene som knytter seg til dette stedet."

Anders lyttet ivrig mens Olav delte historier og legender fra området rundt Eidfjord. Han hørte om troll og nisser som bodde i de dype skoger, og om skjulte skatter som lå gjemt i de bratte fjellene. Han kunne ikke hjelpe for å føle en følelse av eventyr og spenning vokse i brystet.

Da kvelden falt på, inviterte Olav Anders til å tilbringe natten i det gamle huset. Han hadde et lite rom oppe under taket, hvor Anders kunne hvile hodet og drømme om de mange eventyrene som ventet ham i fjellene rundt Eidfjord.

Så, mens natten senket seg over dalen og stjernene tente himmelen som gnistrende diamanter, la Anders seg til å sove med en følelse av eventyr og mysterium som danset i tankene hans. Han visste at morgendagen ville bringe nye opplevelser og nye historier å utforske, og han gledet seg til å oppdage alt som Eidfjord hadde å tilby.

Og så, med den gamle boken som sin veileder og Olavs visdom som sitt kompass, begynte Anders sitt eventyr i Eidfjord, klar til å utforske de skjulte skattene og legende...

The Adventure in Eidfjord

In the small mountain village of Eidfjord, nestled deep within the majestic mountains and by the shores of a sparkling fjord, lived a young man named Anders. Anders was a dreamer, someone who had always felt fascinated by the nature surrounding him and the adventures that awaited behind every cliff and forested hill.

One warm summer day, when the sun shone high in the sky and the mountains glittered in the distance, Anders decided to go on an adventure. He packed a backpack with food and water, and soon he set out on the steep trail leading up into the mountains.

As he walked, Anders could feel the fresh mountain air filling his lungs, and he could hear the sound of birdsong and the rush of the distant river. He didn't know how far he would go or what he would find along the way, but he knew he was ready for whatever adventure had to offer.

After a few hours of hiking, Anders reached a small valley hidden between the steep mountains. The valley was green and lush, with a clear mountain lake reflecting the sunlight. Anders couldn't help but feel a sense of wonder and excitement at the sight of this hidden paradise.

As he explored the valley, Anders suddenly discovered an old, abandoned house standing by the edge of the lake. The house appeared to have been empty for many years, with its windows shattered and its door hanging off its hinges. Anders felt a curiosity burning in his chest, and he decided to explore the house further.

With his heart pounding in his chest, Anders opened the door to the abandoned house and stepped inside. Inside, he found a room filled with dust and cobwebs, with old furniture and objects scattered around. But what caught Anders' attention most was an old book lying open on a table in the middle of the room.

With cautious hands, Anders picked up the book and began to flip through its pages. He could see that it contained stories and legends from the mountains and valleys around Eidfjord, and he couldn't help but feel drawn into the tales that came to life on the pages before him.

As he read, Anders began to feel a deep connection with the places and people described in the book. He could visualize the steep mountain walls and the forested hills, and he could hear the sound of waterfalls and the gentle streams.

Suddenly, Anders heard a noise outside the house, as if someone was approaching. He set the book aside and went out to see what was going on.

Outside, stood an older man with a weather-beaten face and a friendly smile. "Good day, young man," he said. "My name is Olav, and I've lived in these mountains all my life. Looks like you've found your way to the old house."

"Good day, Olav," Anders replied. "Yes, I stumbled upon this place by chance. It seems like there are many stories hiding here."

"There certainly are," said Olav, nodding. "This house has a long history, and many have lived here over the years. I myself have heard many of the legends associated with this place."

Anders listened eagerly as Olav shared stories and legends from the area around Eidfjord. He heard about trolls and elves living in the deep forests, and about hidden treasures hidden in the steep mountains. He couldn't help but feel a sense of adventure and excitement growing in his chest.

As night fell, Olav invited Anders to spend the night in the old house. He had a small room upstairs under the roof, where Anders could rest his head and dream of the many adventures awaiting him in the mountains around Eidfjord.

So, as the night descended over the valley and the stars lit up the sky like sparkling diamonds, Anders settled down to sleep with a sense of adventure and mystery dancing in his mind. He knew that tomorrow would bring new experiences and new stories to explore, and he looked forward to discovering everything that Eidfjord had to offer.

And so, with the old book as his guide and Olav's wisdom as his compass, Anders began his adventure in Eidfjord, ready to explore the hidden treasures and legends...

Svalbardhemmeligheter

Det var en kald og stjerneklar natt på Svalbard. Månen hang lavt over isfjellene og lyste opp landskapet med et sølvaktig skjær. I den lille gruvelandsbyen Longyearbyen, hvor de få innbyggerne var vant til ekstreme temperaturer og lengre netter enn dager, var det en følelse av spenning i luften denne kvelden.

Vår historie begynner på Gruve 3, en av de historiske gruvene som en gang var hjertet av Longyearbyens økonomi. På overflaten kunne man knapt se tegn til liv, men under jorden var det en gruppe eventyrlystne sjeler som hadde sneket seg inn i gruven. Blant dem var Astrid, en ung og eventyrlysten arkeologistudent fra Oslo, som hadde blitt fascinert av Svalbards rike historie og uutforskede mysterier. Hun hadde overtalt noen venner til å bli med henne på et midnattseventyr for å utforske de uutforskede delene av Gruve 3.

Mens de vandret gjennom de mørke tunellene, følte Astrid en blanding av spenning og frykt. Tanken på å oppdage noe nytt og unikt drev henne fremover, men lyden av deres egne fottrinn mot steinene fikk henne til å lure på om de virkelig var alene i gruven. Plutselig, fra det dype mørket foran dem, hørte de lyden av en dør som åpnet seg.

Med bankende hjerter beveget de seg forsiktig mot lyden og oppdaget en skjult kammer som ikke hadde blitt utforsket på århundrer. I midten av rommet sto en gammel kiste, dekket av støv og is. Med skjelvende hender åpnet de kisten og avslørte dens innhold: gamle kart, dokumenter og artefakter som hadde blitt glemt av tidens gang.

Astrid kunne knapt tro sine egne øyne. Disse gjenstandene kunne inneholde nøkkelen til å avsløre Svalbards mest bevarte hemmeligheter. Men før hun kunne undersøke dem nærmere, hørte de plutselig lyden av fottrinn bak seg. Med hjertet i halsen snudde de seg for å se hvem som nærmet seg.

Det var en eldre mann, kledd i tykke fiskegensere og med et vennlig smil på leppene. Han introduserte seg som Lars, en lokal historieforteller som hadde tilbrakt hele livet sitt på Svalbard og hadde hørt rykter om de skjulte hemmelighetene i Gruve 3. Lars tilbød seg å hjelpe dem med å dechiffrere de gamle dokumentene og kartene, og sammen begynte de å nøste opp i trådene som ville lede dem på en reise gjennom Svalbards fascinerende historie.

Gjennom dype og snødekte daler, over iskalde fjorder og gjennom forlatte bosetninger avslørte de historier om gruvearbeidere som hadde beseiret de barske forholdene, polarutforskere som hadde våget seg ut på de frosne havene, og hemmelige selskaper som hadde forsøkt å utnytte Svalbards rikdommer til egen vinning.

Men midt i jakten på disse historiske skattene oppdaget Astrid og vennene hennes noe enda mer verdifullt: et fellesskap av mennesker som hadde lært å leve i harmoni med naturen og hverandre, til tross for de utfordringene de møtte. De lærte verdifulle leksjoner om mot, utholdenhet og vennskap, som ville følge dem tilbake til deres eget liv på fastlandet.

Til slutt, da midnattssolen kastet sine siste stråler over Svalbard, sto Astrid og vennene hennes foran Gruve 3, med hjertene sine fylt av takknemlighet for de utrolige opplevelsene de hadde delt sammen. Selv om de hadde avdekket noen av Svalbards hemmeligheter, visste de at det var mye mer å utforske og oppdage på dette mystiske arktiske øyriket. Men for nå var det på tide å si farvel til Longyearbyen og dra hjem, vel vitende om at de ville vende tilbake en dag for å utforske mer av Svalbards skjulte skatter.

Svalbard Secrets

It was a cold and starry night in Svalbard. The moon hung low over the icebergs, casting a silvery glow upon the landscape. In the small mining town of Longyearbyen, where the few residents were accustomed to extreme temperatures and longer nights than days, there was a sense of excitement in the air on this particular evening.

Our story begins at Mine 3, one of the historical mines that once was the heart of Longyearbyen's economy. On the surface, there were barely any signs of life, but beneath the ground, there was a group of adventurous souls who had sneaked into the mine. Among them was Astrid, a young and adventurous archaeology student from Oslo, who had become fascinated by Svalbard's rich history and unexplored mysteries. She had persuaded some friends to join her on a midnight adventure to explore the uncharted parts of Mine 3.

As they wandered through the dark tunnels, Astrid felt a mixture of excitement and fear. The thought of discovering something new and unique drove her forward, but the sound of their own footsteps echoing against the stones made her wonder if they were truly alone in the mine. Suddenly, from the depths of the darkness ahead, they heard the sound of a door opening.

With hearts pounding, they moved cautiously toward the sound and discovered a hidden chamber that had not been explored in centuries. In the center of the room stood an old chest, covered in dust and ice. With trembling hands, they opened the chest and revealed its contents: old maps, documents, and artifacts that had been forgotten by the passage of time.

Astrid could hardly believe her eyes. These objects could hold the key to uncovering Svalbard's most guarded secrets. But before she could examine them closer, they suddenly heard the sound of footsteps behind them. With their hearts in their throats, they turned to see who was approaching.

It was an older man, dressed in thick fisherman sweaters and with a friendly smile on his lips. He introduced himself as Lars, a local storyteller who had spent his entire life in Svalbard and had heard rumors of the hidden secrets in Mine 3. Lars offered to help them decipher the old documents and maps, and together they began to unravel the threads that would lead them on a journey through Svalbard's fascinating history.

Through deep and snow-covered valleys, across icy fjords, and through abandoned settlements, they uncovered stories of miners who had conquered the harsh conditions, polar explorers who had ventured out onto the frozen seas, and secret societies who had tried to exploit Svalbard's riches for their own gain.

But amidst the pursuit of these historical treasures, Astrid and her friends discovered something even more valuable: a community of people who had learned to live in harmony with nature and each other, despite the challenges they faced. They learned valuable lessons about courage, perseverance, and friendship, which would accompany them back to their own lives on the mainland.

Finally, as the midnight sun cast its last rays over Svalbard, Astrid and her friends stood outside Mine 3, their hearts filled with gratitude for the incredible experiences they had shared together. Although they had uncovered some of Svalbard's secrets, they knew that there was much more to explore and discover on this mysterious Arctic archipelago. But for now, it was time to bid farewell to Longyearbyen and head home, knowing that they would return one day to explore more of Svalbard's hidden treasures.

Fortellinger fra Stavanger

I den pittoreske havnebyen Stavanger, hvor de fargerike trehusene klamret seg til kysten og de brusende bølgene fra Nordsjøen sang en konstant melodi, levde det et mangfoldig samfunn av mennesker fra forskjellige bakgrunner og livsstiler. Blant de smale gatene og de brosteinsbelagte torgene fantes det et utall historier som ventet på å bli fortalt. Her er en av dem:

Historien begynner på en solfylt dag, da havbrisen bar med seg duften av saltvann og tang. Midt i sentrum av byen satt en ung kvinne ved navn Ingrid på en benk ved havnen. Hun hadde nettopp flyttet til Stavanger fra landsbygda, og var spent på å utforske alt byen hadde å tilby.

Mens Ingrid satt der og nøt solskinnet, hørte hun plutselig lyden av en fiolin som ble spilt i det fjerne. Ført av nysgjerrighet begynte hun å følge lyden gjennom de brosteinsbelagte gatene, til hun til slutt kom til et lite torg hvor en ung gateartist spilte vakre melodier på fiolinen sin.

Ingrid ble øyeblikkelig trollbundet av musikken og ble stående og lytte med et smil om munnen. Etter hvert som musikken fløt gjennom luften, kunne hun føle en følelse av fred og ro som hun sjelden hadde opplevd før. Og mens hun lyttet, kunne hun ikke hjelpe for at hennes tanker vandret tilbake til hennes barndom på landsbygda og minner om lykkelige sommerdager og rolige netter under stjernene.

Da musikken til slutt ble avbrutt, våknet Ingrid fra sine tanker og applauderte med glede. Hun gikk bort til gateartisten og takket ham for den vakre forestillingen. De begynte å snakke, og Ingrid lærte at hans navn var Lars, og at han hadde vokst opp i Stavanger og hadde spilt fiolin på gatene siden han var liten.

Ingrid og Lars begynte å tilbringe mer tid sammen, og han viste henne de skjulte perlene i Stavanger - de koselige kafeene, de historiske museene og de vakre parkene langs kysten. Sammen delte de historier om deres liv og drømmer, og langsomt begynte Ingrid å føle seg hjemme i sin nye by.

Men som alle gode historier, måtte denne også få en slutt. Etter hvert som dagene gikk, begynte høsten å gi vei til vinteren, og Ingrid visste at det var på tide for henne å fortsette sin reise videre. Men selv om hun forlot Stavanger, visste hun at hun alltid ville ta med seg minnene og historiene hun hadde delt med Lars, og at hun alltid ville ha et spesielt sted i hjertet sitt for den sjarmerende havnebyen ved Nordsjøen.

Og så, mens Ingrid sto ved havnen og så på solen som sank ned over horisonten, lovet hun seg selv at en dag ville hun komme tilbake til Stavanger, og at hun ville fortsette å skape nye historier og minner i den vakre byen ved havet.

Dette var bare én av mange fortellinger som ventet på å bli oppdaget i Stavanger, en by fylt med sjarm, historie og uendelige muligheter for eventyr. For i hjertet av Stavanger, blandt de brosteinsbelagte gatene og de fargerike trehusene, ventet det alltid en ny historie som ville berike livene til de som var villige til å lytte.

Tales from Stavanger

In the picturesque port city of Stavanger, where colorful wooden houses clung to the coastline and the roaring waves of the North Sea sang a constant melody, there lived a diverse community of people from different backgrounds and lifestyles. Among the narrow streets and cobblestone squares, there were countless stories waiting to be told. Here is one of them:

The story begins on a sunny day, when the sea breeze carried the scent of saltwater and seaweed. In the center of town, a young woman named Ingrid sat on a bench by the harbor. She had just moved to Stavanger from the countryside and was eager to explore everything the city had to offer.

As Ingrid sat there, basking in the sunshine, she suddenly heard the sound of a violin being played in the distance. Intrigued, she began to follow the sound through the cobblestone streets until she eventually reached a small square where a young street artist was playing beautiful melodies on his violin.

Ingrid was immediately enchanted by the music and stood listening with a smile on her face. As the music flowed through the air, she felt a sense of peace and tranquility that she had rarely experienced before. And as she listened, she couldn't help but let her thoughts wander back to her childhood in the countryside, to memories of happy summer days and peaceful nights under the stars.

When the music finally came to an end, Ingrid snapped out of her reverie and applauded with joy. She approached the street artist and thanked him for the beautiful performance. They began to talk, and Ingrid learned that his name was Lars, and that he had grown up in Stavanger and had been playing the violin on the streets since he was little.

Ingrid and Lars began to spend more time together, and he showed her the hidden gems of Stavanger - the cozy cafes, the historical museums, and the beautiful parks along the coast. Together, they shared stories of their lives and dreams, and slowly Ingrid began to feel at home in her new city.

But like all good stories, this one had to come to an end. As the days passed, autumn gave way to winter, and Ingrid knew it was time for her to continue her journey. But even as she left Stavanger behind, she knew that she would always carry with her the memories and stories she had shared with Lars, and that she would always have a special place in her heart for the charming port city by the North Sea.

And so, as Ingrid stood by the harbor watching the sun set over the horizon, she promised herself that one day she would return to Stavanger, and that she would continue to create new stories and memories in the beautiful city by the sea.

This was just one of many tales waiting to be discovered in Stavanger, a city filled with charm, history, and endless opportunities for adventure. For in the heart of Stavanger, among the cobblestone streets and colorful wooden houses, there was always a new story waiting to enrich the lives of those willing to listen.

Mirellas pianotimer

I den lille landsbyen Kvikne, dypt inne i de norske fjellene, bodde det en ung jente ved navn Mirella. Hun hadde alltid vært fascinert av musikkens verden, og hver dag kunne man finne henne sittende ved klaveret i stuen, fingrene dansende over tastene mens hun lot melodier strømme ut i rommet.

Men til tross for hennes lidenskap og talent for musikk, hadde Mirella aldri hatt muligheten til å ta pianotimer. Landsbyen Kvikne var avsidesliggende, og det var ingen pianolærer i nærheten. Derfor måtte Mirella lære alt hun kunne av musikken på egen hånd, ved å lytte til opptak og studere noter på egenhånd.

Men en dag, da Mirella satt og øvde ved klaveret, banket det plutselig på døren. Hun åpnet, og der sto en eldre dame med hvite krøller og et vennlig smil. Damen introduserte seg som fru Olsen, og fortalte Mirella at hun var en berømt pianolærer som hadde flyttet til Kvikne for å tilbringe sin pensjonisttilværelse i ro og fred.

Mirella kunne knapt tro sin lykke. Endelig hadde hun sjansen til å få profesjonelle pianotimer, rett hjemme i sitt eget hus. Frøken Olsen begynte å undervise Mirella med en lidenskap og entusiasme som inspirerte den unge jenta til å ta sitt pianospill til nye høyder.

Hver uke kom frøken Olsen til Mirellas hus for å gi henne pianotimer. De tilbrakte timer sammen, gående gjennom noter, øvende skalaer og arbeidende med teknikker. Frøken Olsen delte også historier fra sitt eget liv som pianist, og inspirerte Mirella til å drømme om en fremtid som musiker.

Men selv om Mirella nøt pianotimene med frøken Olsen, begynte hun også å legge merke til noe merkelig. I løpet av timene virket det som om frøken Olsen stadig mistet fokus og begynte å snakke om andre ting.

Hun ville fortelle historier om sine reiser rundt i verden, eller avsløre gamle hemmeligheter fra hennes ungdom.

Mirella var forvirret, men hun lot det passere. Hun var så takknemlig for å ha fått sjansen til å lære av en så talentfull lærer at hun ikke ønsket å stille spørsmål ved hennes oppførsel. Men etter hvert som ukene gikk, begynte hun å innse at frøken Olsen kanskje ikke var helt som hun virket.

En dag, da Mirella og frøken Olsen hadde sin vanlige pianotime, ble det plutselig banket på døren. Mirella åpnet, og der sto det en gruppe politibetjenter med alvorlige ansikter. De fortalte Mirella at frøken Olsen hadde vært savnet i flere uker, og at de hadde fulgt hennes spor helt til Mirellas hus.

Mirella var sjokkert. Hun kunne ikke tro at kvinnen som hadde undervist henne i så lang tid, var en savnet person. Politiet gikk inn i huset og fant ut at frøken Olsen hadde vært på rømmen fra et gammet liv i byen, og hadde valgt å skape en ny identitet for seg selv som pianolærer i Kvikne.

Mirella var knust. Hun hadde blitt lurt av frøken Olsen, og hennes drøm om å bli en dyktig pianist hadde blitt knust. Men selv om hun var skuffet, visste hun også at hun ikke kunne la dette ødelegge hennes lidenskap for musikk. Med støtte fra familie og venner bestemte hun seg for å fortsette å øve og lære, og forfølge sin drøm om å bli en stor pianist, uansett hva som måtte komme i veien.

Og så, mens solen sank ned bak de norske fjellene og natten falt over Kvikne, satt Mirella ved klaveret sitt og lot musikken fylle rommet. For selv om hennes reise hadde vært full av hindringer og skuffelser, visste hun at musikken ville alltid være der for å trøste henne, inspirere henne og bringe henne glede i livet sitt.

Mirella's Piano Lessons

In the small village of Kvikne, deep in the Norwegian mountains, lived a young girl named Mirella. She had always been fascinated by the world of music, and every day you could find her sitting at the piano in the living room, her fingers dancing over the keys as she let melodies flow into the room.

But despite her passion and talent for music, Mirella had never had the opportunity to take piano lessons. The village of Kvikne was remote, and there was no piano teacher nearby. Therefore, Mirella had to learn everything she could about music on her own, by listening to recordings and studying sheet music by herself.

But one day, as Mirella sat practicing at the piano, there was a sudden knock on the door. She opened it, and there stood an elderly lady with white curls and a friendly smile. The lady introduced herself as Mrs. Olsen and told Mirella that she was a famous piano teacher who had moved to Kvikne to spend her retirement in peace and quiet.

Mirella could hardly believe her luck. Finally, she had the chance to have professional piano lessons, right in her own home. Mrs. Olsen began to teach Mirella with a passion and enthusiasm that inspired the young girl to take her piano playing to new heights.

Every week, Mrs. Olsen came to Mirella's house to give her piano lessons. They spent hours together, going through sheet music, practicing scales, and working on techniques. Mrs. Olsen also shared stories from her own life as a pianist, inspiring Mirella to dream of a future as a musician.

But although Mirella enjoyed her piano lessons with Mrs. Olsen, she also began to notice something strange. During the lessons, it seemed that Mrs. Olsen would constantly lose focus and start talking about other things. She would tell stories about her travels around the world or reveal old secrets from her youth.

Mirella was confused, but she let it pass. She was so grateful to have the chance to learn from such a talented teacher that she didn't want to question her behavior. But as the weeks went by, she began to realize that Mrs. Olsen might not be quite as she seemed.

One day, during their regular piano lesson, there was a sudden knock on the door. Mirella opened it, and there stood a group of police officers with serious faces. They told Mirella that Mrs. Olsen had been missing for several weeks, and that they had followed her trail all the way to Mirella's house.

Mirella was shocked. She couldn't believe that the woman who had been teaching her for so long was a missing person. The police went into the house and found out that Mrs. Olsen had been on the run from a past life in the city and had chosen to create a new identity for herself as a piano teacher in Kvikne.

Mirella was devastated. She had been deceived by Mrs. Olsen, and her dream of becoming a skilled pianist had been shattered. But even though she was disappointed, she also knew that she couldn't let this ruin her passion for music. With support from family and friends, she decided to continue practicing and learning, and to pursue her dream of becoming a great pianist, no matter what obstacles might come her way.

And so, as the sun sank behind the Norwegian mountains and night fell over Kvikne, Mirella sat at her piano and let the music fill the room. For even though her journey had been full of obstacles and disappointments, she knew that music would always be there to comfort her, inspire her, and bring her joy in her life.

Den ensomme duen

I den travle byen Oslo, hvor gatene var fulle av folk som hastet av sted, levde det en ensom due ved navn Pelle. Pelle var ikke som de andre duene i byen. Mens de fløy fritt mellom hustakene og delte gleden av fellesskapet, satt Pelle ensom og forlatt på en benk i parken, hans ensomhet kun avbrutt av de tilfeldige forbipasserende som kastet ham noen smuler.

Pelle hadde ikke alltid vært ensom. En gang var han en del av en stor duefamilie som bodde på taket av en gammel kirke i sentrum av byen. Men en dag, da han var ung og uerfaren, hadde han blitt forvirret og hadde fløyet seg vill, og siden den gang hadde han ikke klart å finne veien tilbake til familien sin.

Nå bodde han alene i parken, hans eneste selskap var lyden av trafikken og de fjerne stemmene til forbipasserende. Han lengtet etter fellesskapet han hadde mistet, men han visste ikke hvordan han skulle finne veien tilbake til det.

En dag, mens Pelle satt ensom på benken i parken, hørte han plutselig lyden av noen som gråt. Han snudde seg og så en liten jente som satt på en benk ved siden av ham, tårer strømmende nedover kinnene hennes. Pelle hadde aldri sett henne før, men han kunne straks se at hun var ensom og trist, akkurat som ham.

Han nølte ikke med å nærme seg henne, og med forsiktige vingeslag satte han seg ved siden av henne på benken. Jenta så opp og møtte blikket hans, og til hennes overraskelse begynte Pelle å kurre trøstende til henne, som om han prøvde å si at alt ville bli bedre.

Jenta smilte gjennom tårene og strakte forsiktig ut hånden for å stryke Pelle på hodet. I det øyeblikket følte Pelle en varme og en glede han ikke hadde følt på lenge. Han visste ikke hvorfor, men han visste at han hadde funnet en venn i denne lille jenta.

Fra den dagen av ble Pelle og jenta uadskillelige. De tilbrakte time etter time sammen i parken, lekende og snakkende og delende sine innerste tanker og drømmer. Gjennom deres vennskap fant Pelle en følelse av tilhørighet han ikke hadde følt på lenge, og jenta fant en trofast venn som alltid ville være der for henne.

Men en dag, da høsten begynte å gi vei til vinteren, forsvant jenta plutselig. Pelle ventet tålmodig på benken i parken, håpende at hun snart ville komme tilbake, men hun gjorde det aldri. Han visste ikke hvor hun hadde blitt av, men han visste at han aldri ville glemme henne.

Som dagene gikk, ble Pelle mer og mer ensom igjen. Han lengtet etter selskapet til vennen sin, men hun var borte, og han visste ikke hvordan han skulle finne henne igjen. Han fløy gjennom byen, søkende etter henne i hvert hjørne og krok, men han fant henne ikke.

Til slutt, etter å ha lett forgjeves i flere uker, ga Pelle opp håpet om å finne vennen sin igjen. Han vendte tilbake til parken, ensom og forlatt som han hadde vært før. Men selv om han savnet jenta dypt, visste han at han aldri ville glemme henne, og at minnene om deres vennskap ville leve videre i hans hjerte for alltid.

The Lonely Pigeon

In the bustling city of Oslo, where the streets were filled with people hurrying about, lived a lonely pigeon named Pelle. Pelle was unlike the other pigeons in the city. While they flew freely between rooftops and shared the joy of community, Pelle sat lonely and abandoned on a bench in the park, his solitude interrupted only by the occasional passerby who tossed him a few crumbs.

Pelle hadn't always been lonely. Once upon a time, he was part of a large pigeon family that lived on the roof of an old church in the city center. But one day, when he was young and inexperienced, he had become confused and flown astray, and since then, he had been unable to find his way back to his family.

Now he lived alone in the park, his only companionship the sound of traffic and the distant voices of passersby. He longed for the community he had lost, but he didn't know how to find his way back to it.

One day, as Pelle sat lonely on the bench in the park, he suddenly heard the sound of someone crying. He turned and saw a little girl sitting on a bench beside him, tears streaming down her cheeks. Pelle had never seen her before, but he could immediately see that she was lonely and sad, just like him.

Without hesitation, he approached her, and with cautious flaps of his wings, he settled beside her on the bench. The girl looked up and met his gaze, and to her surprise, Pelle began to coo comfortingly to her, as if trying to say that everything would be alright.

The girl smiled through her tears and reached out a hand to stroke Pelle's head. In that moment, Pelle felt a warmth and joy he hadn't felt in a long time. He didn't know why, but he knew that he had found a friend in this little girl.

From that day on, Pelle and the girl were inseparable. They spent hour after hour together in the park, playing and talking and sharing their innermost thoughts and dreams. Through their friendship, Pelle found a sense of belonging he hadn't felt in a long time, and the girl found a faithful friend who would always be there for her.

But one day, as autumn began to give way to winter, the girl suddenly disappeared. Pelle waited patiently on the bench in the park, hoping that she would soon return, but she never did. He didn't know where she had gone, but he knew that he would never forget her.

As the days passed, Pelle became more and more lonely again. He longed for the company of his friend, but she was gone, and he didn't know how to find her again. He flew through the city, searching for her in every nook and cranny, but he couldn't find her.

Finally, after searching in vain for several weeks, Pelle gave up hope of finding his friend again. He returned to the park, lonely and abandoned as he had been before. But even though he missed the girl deeply, he knew that he would never forget her, and that the memories of their friendship would live on in his heart forever.

En norsk komedie

I den pittoreske landsbyen Lilleblomst bodde det en fargerik gruppe mennesker, hver med sin egen unike personlighet og historie. Livet i Lilleblomst var aldri kjedelig, og det var alltid noe som skjedde for å få byens innbyggere til å smile eller le. En spesiell dag i Lilleblomst ble imidlertid enda mer minneverdig enn vanlig.

Historien begynner en fredelig morgen, da solen steg opp over de snødekte fjellene og kastet et varmt, gyldent lys over landsbyen. I en av de koselige kafeene på torget satt en ung kvinne ved navn Emma og nøt en kopp varm kakao. Emma var en sprudlende og livlig person som alltid hadde et smil på lur og en vits på lur.

Mens Emma satt der og nipet til kakaoen sin, kunne hun plutselig høre lyden av en klar, melodisk stemme som sang utenfor. Hun gikk bort til vinduet og så en ung mann som sto på torget og underholdt de forbipasserende med sitt vakre sangtalent. Emma ble umiddelbart fascinert av mannen og bestemte seg for å gå ut for å høre nærmere på.

Mannen het Lars og var en gateartist som hadde reist fra by til by for å dele sin lidenskap for musikk med verden. Han hadde en varm og innbydende personlighet som straks fanget Emmas oppmerksomhet, og de to begynte å snakke og le sammen som om de hadde kjent hverandre i årevis.

Mens de stod der og snakket, kom det plutselig en annen person forbi - en eldre herre med hvit krøllete hår og en skinnende glimt i øyet. Han introduserte seg som Peder, landsbyens mest kjente og elskede humorist, og fortalte Emma og Lars at han hadde en spesiell overraskelse planlagt for dagen.

Intrigert av Peders lovnad om en overraskelse, fulgte Emma og Lars med ham til torget, hvor de ble møtt av et syn som fikk dem til å le høyt. Midt på torget hadde Peder satt opp en scene, og foran den sto et stort lerret som var dekket av et hvitt laken.

Med et lurt smil trakk Peder av lakenet for å avsløre et enormt portrett av landsbyens borgermester - ikke som han vanligvis var, men som en klovn med en rød nese og store, fargerike bukser. Publikum brøt ut i latter ved synet av det komiske portrettet, og til og med borgermesteren selv kunne ikke la være å le når han så seg selv avbildet på den måten.

Men det var ikke alt. Etter at latteren hadde lagt seg, tok Peder mikrofonen og annonserte at det skulle være en konkurranse om den morsomste vitsen i Lilleblomst. Folk fra hele landsbyen samlet seg på torget for å delta, og snart var det en stemning av glede og spenning som fylte luften.

En etter en gikk deltakerne opp på scenen for å dele sine beste vitser og morsomste historier. Noen var morsommere enn andre, men alle bidro til å skape en følelse av fellesskap og latter i Lilleblomst. Til slutt var det opp til en jury å velge vinneren, og etter mye diskusjon kunngjorde de endelig vinneren av konkurransen.

Det var Emma som stakk av med seieren, med sin kvikke og vittige replikk som fikk hele torget til å bryte ut i latter. Hun mottok en pris fra borgermesteren selv, som tilbød henne et års forsyning av gratis kakao fra kafeen hennes som premie. Emma var overveldet av glede og takket borgermesteren og alle de andre i Lilleblomst for en minneverdig dag.

Og så, mens solen gikk ned over den lille landsbyen og månen steg opp på himmelen, fortsatte feiringen i Lilleblomst, med folk som lo og danset sammen under stjernene. For selv om livet kunne være fullt av utfordringer og bekymringer, visste innbyggerne i Lilleblomst at de alltid kunne stole på humor og fellesskap for å lyse opp dagene deres og bringe dem nærmere hverandre.

A Norwegian Comedy

In the picturesque village of Lilleblomst lived a colorful group of people, each with their own unique personality and story. Life in Lilleblomst was never dull, and there was always something happening to make the town's residents smile or laugh. However, one particular day in Lilleblomst became even more memorable than usual.

The story begins on a peaceful morning, as the sun rose over the snow-covered mountains and cast a warm, golden light over the village. In one of the cozy cafes on the square sat a young woman named Emma, enjoying a cup of hot cocoa. Emma was a bubbly and lively person who always had a smile ready and a joke at hand.

As Emma sat there sipping her cocoa, she suddenly heard the sound of a clear, melodious voice singing outside. She went over to the window and saw a young man standing in the square, entertaining passersby with his beautiful singing talent. Emma was immediately captivated by the man and decided to go out to listen to him more closely.

The man's name was Lars, a street artist who had traveled from town to town to share his passion for music with the world. He had a warm and inviting personality that immediately caught Emma's attention, and the two began talking and laughing together as if they had known each other for years.

As they stood there talking, another person suddenly passed by - an elderly gentleman with white curly hair and a twinkle in his eye. He introduced himself as Peder, the village's most famous and beloved humorist, and told Emma and Lars that he had a special surprise planned for the day.

Intrigued by Peder's promise of a surprise, Emma and Lars followed him to the square, where they were met with a sight that made them burst out laughing. In the middle of the square, Peder had set up a stage, and in front of it stood a large canvas covered with a white sheet.

With a mischievous smile, Peder pulled off the sheet to reveal a huge portrait of the village mayor - not as he usually was, but as a clown with a red nose and large, colorful pants. The audience erupted in laughter at the sight of the comical portrait, and even the mayor himself couldn't help but laugh when he saw himself depicted in that way.

But that wasn't all. After the laughter had died down, Peder took the microphone and announced that there would be a competition for the funniest joke in Lilleblomst. People from all over the village gathered in the square to participate, and soon there was a feeling of joy and excitement filling the air.

One by one, the participants took to the stage to share their best jokes and funniest stories. Some were funnier than others, but all contributed to creating a sense of community and laughter in Lilleblomst. In the end, it was up to a jury to choose the winner, and after much deliberation, they finally announced the winner of the competition.

It was Emma who took home the prize, with her quick and witty quip that made the entire square erupt in laughter. She received a prize from the mayor himself, who offered her a year's supply of free cocoa from her cafe as a reward. Emma was overwhelmed with joy and thanked the mayor and everyone else in Lilleblomst for a memorable day.

And so, as the sun set over the small village and the moon rose in the sky, the celebration continued in Lilleblomst, with people laughing and dancing together under the stars. For even though life could be full of challenges and worries, the residents of Lilleblomst knew that they could always rely on humor and community to brighten their days and bring them closer together.

Kjærlighet i Lillehammer

I den sjarmerende byen Lillehammer bodde det en ung kvinne ved navn Nora. Hun hadde bodd i Lillehammer hele livet og elsket den rolige atmosfæren, de vakre omgivelsene og den vennlige atmosfæren som preget byen. Nora jobbet som bibliotekar på det lokale biblioteket, hvor hun tilbrakte dagene omgitt av bøker og historier fra fjern og nær.

En dag, mens Nora var på vei til jobb, la hun merke til en ny kafé som hadde åpnet i sentrum av byen. Den hadde en koselig uteplass og en inviterende atmosfære, og Nora bestemte seg for å ta en pause fra arbeidet og ta en kopp kaffe der. Da hun gikk inn, møtte blikket hennes et par varme, brune øyne som tilhørte en ung mann som sto bak disken og tok imot bestillinger.

Mannen het Henrik, og han var den stolte eieren av den nye kafeen. Han hadde nylig flyttet til Lillehammer fra Oslo for å starte sitt eget kaféprosjekt, og han hadde allerede blitt godt mottatt av lokalbefolkningen. Henrik hadde en sjarm og en karisma som umiddelbart fanget Noras oppmerksomhet, og de to begynte å snakke og le sammen som om de hadde kjent hverandre i årevis.

Etter å ha tilbrakt tid sammen på kafeen og blitt bedre kjent, begynte Nora og Henrik å tilbringe mer tid sammen utenfor arbeidstiden. De gikk på turer rundt innsjøen Mjøsa, utforsket de vakre omgivelsene rundt Lillehammer og delte sine drømmer og ambisjoner med hverandre. Det var ikke lenge før de innse at de var forelsket i hverandre.

Men til tross for den gnistrende kjemien mellom dem, var Nora og Henrik begge forsiktige med å la følelsene sine utvikle seg til noe mer. Nora hadde hatt dårlige erfaringer med tidligere forhold og var redd for å bli såret igjen, mens Henrik var usikker på om han var klar for et seriøst forhold etter å ha nettopp startet sin virksomhet i Lillehammer.

Likevel kunne de ikke nekte den sterke forbindelsen de delte, og til slutt bestemte de seg for å gi kjærligheten en sjanse. De gikk på romantiske stevnemøter sammen, delte lidenskapelige kyss under stjernehimmelen og lo sammen som de aldri hadde lo før. Det virket som om alt var perfekt mellom dem.

Men så begynte utfordringene å dukke opp. Henrik hadde investert mye tid og penger i kafeen sin, og han hadde knapt tid til å tilbringe sammen med Nora. Han følte seg stadig mer stresset og overveldet av ansvaret med å drive virksomheten, og han visste ikke hvordan han skulle balansere sitt profesjonelle og personlige liv.

På samme tid begynte Noras tidligere forholds bagasje å påvirke forholdet deres. Hun følte seg usikker og engstelig for fremtiden, og hennes frykt for å bli såret igjen begynte å sette en avstand mellom henne og Henrik. Til tross for deres dype følelser for hverandre, virket det som om de sto overfor uoverstigelige hindringer som truet med å splitte dem for alltid.

Men i stedet for å la utfordringene drive dem fra hverandre, bestemte Nora og Henrik seg for å kjempe for kjærligheten deres. De satte seg ned og åpnet seg for hverandre om deres frykt og bekymringer, og sammen fant de en måte å støtte og trøste hverandre gjennom de vanskelige tidene. Til slutt innså de at kjærligheten deres var sterk nok til å overvinne alle hindringer som kom i veien.

Og så, en vakker vårdag i Lillehammer, gikk Nora og Henrik sammen til innsjøen Mjøsa, der de delte sine løfter om evig kjærlighet og lykke. Omgitt av venner og familie lovet de å stå sammen gjennom tykt og tynt, i gode og onde dager, og å aldri la noe eller noen skille dem fra hverandre. For i hjertet av Lillehammer, blant de majestetiske fjellene og de glitrende innsjøene, hadde de funnet kjærligheten som ville vare livet ut.

Love in Lillehammer

In the charming town of Lillehammer lived a young woman named Nora. She had lived in Lillehammer all her life and loved the peaceful atmosphere, the beautiful surroundings, and the friendly vibe that characterized the town. Nora worked as a librarian at the local library, where she spent her days surrounded by books and stories from near and far.

One day, as Nora was on her way to work, she noticed a new café that had opened in the center of town. It had a cozy patio and an inviting atmosphere, and Nora decided to take a break from work and have a cup of coffee there. As she walked in, her gaze met a pair of warm, brown eyes belonging to a young man standing behind the counter taking orders.

The man's name was Henrik, and he was the proud owner of the new café. He had recently moved to Lillehammer from Oslo to start his own café venture, and he had already been well-received by the locals. Henrik had a charm and charisma that immediately caught Nora's attention, and the two began talking and laughing together as if they had known each other for years.

After spending time together at the café and getting to know each other better, Nora and Henrik began to spend more time together outside of work hours. They went on walks around Lake Mjøsa, explored the beautiful surroundings of Lillehammer, and shared their dreams and ambitions with each other. It wasn't long before they realized they were falling in love with each other.

But despite the sparkling chemistry between them, Nora and Henrik were both cautious about letting their feelings develop into something more. Nora had had bad experiences with past relationships and was afraid of getting hurt again, while Henrik was unsure if he was ready for a serious commitment after just starting his business in Lillehammer.

However, they couldn't deny the strong connection they shared, and eventually, they decided to give love a chance. They went on romantic dates together, shared passionate kisses under the starry sky, and laughed together like they had never laughed before. It seemed like everything was perfect between them.

But then, challenges began to arise. Henrik had invested a lot of time and money into his café, and he barely had time to spend with Nora. He felt increasingly stressed and overwhelmed by the responsibility of running the business, and he didn't know how to balance his professional and personal life.

At the same time, Nora's past relationship baggage started to affect their relationship. She felt insecure and anxious about the future, and her fear of getting hurt again began to create a distance between her and Henrik. Despite their deep feelings for each other, it seemed like they were facing insurmountable obstacles that threatened to tear them apart forever.

However, instead of letting the challenges drive them apart, Nora and Henrik decided to fight for their love. They sat down and opened up to each other about their fears and worries, and together they found a way to support and comfort each other through the difficult times. In the end, they realized that their love was strong enough to overcome any obstacles that got in their way.

And so, on a beautiful spring day in Lillehammer, Nora and Henrik walked together to Lake Mjøsa, where they exchanged their vows of eternal love and happiness. Surrounded by friends and family, they promised to stand together through thick and thin, in good times and bad, and to never let anything or anyone come between them. For in the heart of Lillehammer, among the majestic mountains and the sparkling lakes, they had found the love that would last a lifetime.

Lunsj med Bestemor

I den lille byen Hjemly bodde en ung jente ved navn Sara. Hun var en livlig og nysgjerrig sjel, alltid på jakt etter eventyr og nye opplevelser. Sara hadde alltid hatt et spesielt forhold til sin bestemor, en varm og omsorgsfull kvinne som bodde i et lite hus ved skogkanten.

En solfylt lørdag morgen bestemte Sara seg for å ta en tur for å besøke bestemor. Hun hadde ikke sett henne på en stund og lengtet etter å tilbringe tid sammen med henne og høre hennes kloke ord og historier. Så hun pakket en kurv med hjemmelaget mat og satte av gårde gjennom skogen.

Da Sara endelig nådde bestemors hus, ble hun møtt av den kjente duften av nystekte kaker som svevde gjennom luften. Hun banket på døren og ble straks møtt av bestemor, som åpnet døren med et bredt smil og et varmt klem. Bestemor var en liten, men livlig kvinne med et glimt i øyet og et varmt hjerte.

Sara og bestemor gikk inn i huset og satte seg ved kjøkkenbordet, der de delte historier og lo sammen som gamle venner. Sara fortalte bestemor om alt som hadde skjedd i livet hennes siden sist de møttes, og bestemor lyttet oppmerksomt, nikket og kom med kloke råd og oppmuntringer.

Etter en stund bestemte de seg for å ha lunsj sammen. Sara hadde med seg en kurv med godsaker hun hadde laget selv - sandwicher, frukt, hjemmelagde kjeks og en flaske med deilig hjemmelaget saft. De tok maten med seg ut i hagen og spredte et teppe under et stort epletre.

Mens de satt der og nøt maten og selskapet, begynte bestemor å fortelle historier fra gamle dager. Hun snakket om hvordan livet hadde vært da hun var ung, om kjærlighet, vennskap og eventyr. Sara lyttet ivrig, hengende på hvert ord, og kunne ikke få nok av bestemors fortellinger.

Plutselig, midt i en historie, fikk bestemor et lurt smil om munnen og sa: "Jeg tror det er på tide for en liten overraskelse!" Hun reiste seg opp og gikk bort til et tre i hagen, der hun plukket noen saftige epler rett fra grenene.

Sara så på med forventning mens bestemor begynte å skrelle eplene og sette dem i en gryte på komfyren. Snart begynte det å spre seg en herlig duft av eplepai gjennom hagen, og Sara kunne nesten ikke vente med å smake på den.

Da paien endelig var ferdig, tok bestemor den ut av ovnen og skar den opp i store, dampende stykker. Hun satte den på et fat og tok den med seg tilbake til det lille bordet under epletræet, der de to delte den varme, deilige paien med glede.

Etter å ha spist seg mette på eplepai, satt Sara og bestemor og snakket og lo sammen til solen begynte å gå ned over horisonten. Det hadde vært en fantastisk dag fylt med latter, kjærlighet og gode minner, og Sara visste at hun ville huske den for alltid.

Til slutt, da det begynte å bli sent, reiste Sara seg opp og ga bestemor en varm klem. Hun takket henne for den herlige dagen og lovet å komme tilbake snart for enda en hyggelig stund sammen. Bestemor smilte og sa at hun alltid ville være der for henne, uansett hva som skjedde.

Og så, med hjertet fullt av kjærlighet og minner, gikk Sara hjemover gjennom skogen, lykkelig og takknemlig for den spesielle tiden hun hadde fått tilbringe med bestemor. For selv om livet kunne være fullt av utfordringer og bekymringer, visste Sara at hun alltid ville ha bestemors kjærlighet og støtte for å veilede henne gjennom livets eventyr.

Lunch with Grandma

In the small town of Hjemly lived a young girl named Sara. She was a lively and curious soul, always in search of adventure and new experiences. Sara had always had a special bond with her grandmother, a warm and caring woman who lived in a small house by the edge of the forest.

One sunny Saturday morning, Sara decided to take a trip to visit her grandmother. She hadn't seen her in a while and longed to spend time with her and hear her wise words and stories. So she packed a basket with homemade food and set off through the woods.

When Sara finally reached her grandmother's house, she was greeted by the familiar scent of freshly baked cakes wafting through the air. She knocked on the door and was immediately met by her grandmother, who opened the door with a wide smile and a warm hug. Grandma was a small but lively woman with a twinkle in her eye and a warm heart.

Sara and her grandmother went inside the house and sat down at the kitchen table, where they shared stories and laughed together like old friends. Sara told her grandmother about everything that had happened in her life since they last met, and her grandmother listened attentively, nodding and offering wise advice and encouragement.

After a while, they decided to have lunch together. Sara had brought a basket of goodies she had made herself - sandwiches, fruit, homemade cookies, and a bottle of delicious homemade juice. They took the food out into the garden and spread a blanket under a large apple tree.

As they sat there enjoying the food and each other's company, Grandma began to tell stories from days gone by. She talked about what life had been like when she was young, about love, friendship, and adventure. Sara listened eagerly, hanging on every word, and couldn't get enough of her grandmother's stories.

Suddenly, in the middle of a story, Grandma got a mischievous smile on her face and said, "I think it's time for a little surprise!" She got up and walked over to a tree in the garden, where she picked some juicy apples straight from the branches.

Sara watched with anticipation as Grandma started peeling the apples and putting them in a pot on the stove. Soon, a delicious smell of apple pie began to spread through the garden, and Sara could hardly wait to taste it.

When the pie was finally ready, Grandma took it out of the oven and cut it into large, steaming slices. She put it on a plate and brought it back to the small table under the apple tree, where the two of them shared the warm, delicious pie with joy.

After feasting on apple pie, Sara and Grandma sat and talked and laughed together until the sun began to set on the horizon. It had been a wonderful day filled with laughter, love, and good memories, and Sara knew she would cherish it forever.

Finally, as it started to get late, Sara got up and gave Grandma a warm hug. She thanked her for the lovely day and promised to come back soon for another pleasant time together. Grandma smiled and said she would always be there for her, no matter what.

And so, with her heart full of love and memories, Sara walked home through the woods, happy and grateful for the special time she had gotten to spend with Grandma. For even though life could be full of challenges and worries, Sara knew she would always have Grandma's love and support to guide her through life's adventures.

Dagen det snødde om sommeren

I den lille byen Lillebrø bodde det en ung kvinne ved navn Emma. Hun var en drømmende sjel, alltid fascinert av naturens skjønnhet og de uventede vendingene i livet. Emma hadde alltid hatt en spesiell tilknytning til været og elsket å observere hvordan årstidene endret seg og påvirket verden rundt henne.

En varm sommerdag, mens solen skinte sterkt på himmelen og fuglene sang i trærne, skjedde det noe helt uventet - det begynte å snø. Emma kunne knapt tro sine egne øyne da hun så de myke, hvite snøfnuggene som dalte ned fra himmelen og dekket bakken i et tynt hvitt teppe.

Det var som om naturen hadde bestemt seg for å gi byen en liten overraskelse, en påminnelse om at ingenting i livet var forutsigbart, og at selv de mest usannsynlige ting kunne skje når man minst ventet det. Emma følte en bølge av glede og forundring skyte gjennom henne mens hun så på snøen som fortsatte å falle stille og rolig rundt henne.

Emma visste at hun måtte komme seg ut og nyte dette sjeldne synet før det forsvant. Hun kastet på seg en varm genser og et skjerf, og skyndte seg ut i gatene i Lillebrø, hvor folk samlet seg i forbauselse og begeistring for å se det uvanlige værfenomenet.

Mens Emma vandret gjennom gatene, sugde hun inn den kalde, friske luften og kjente på den magiske stemningen som lå over byen. Overalt hun så, var det barn som lekte og lo mens de kastet snøballer og lagde snømenn, og voksne som sto og smilte mens de tok bilder og videoer av det historiske øyeblikket.

Etter hvert som dagen gikk, begynte snøen å smelte og forsvinne, og sommeren kom tilbake til Lillebrø med full styrke. Men selv om snøen forsvant, ville minnet om den dagen det snødde om sommeren alltid forbli levende i Emmas hjerte som et symbol på skjønnheten og forunderligheten i verden rundt henne.

For Emma hadde den uventede hendelsen vært mer enn bare et værfenomen - det hadde vært en påminnelse om at selv i de mørkeste tider kunne det komme lysglimt av glede og håp, og at livet alltid hadde en måte å overraske og forundre på når man minst ventet det.

The Day It Snowed in Summer

In the small town of Lillebrø, there lived a young woman named Emma. She was a dreamy soul, always fascinated by the beauty of nature and the unexpected twists of life. Emma had always had a special connection to the weather and loved observing how the seasons changed and influenced the world around her.

One hot summer day, while the sun shone brightly in the sky and the birds sang in the trees, something completely unexpected happened - it started snowing. Emma could hardly believe her eyes as she watched the soft, white snowflakes falling from the sky and covering the ground in a thin white blanket.

It was as if nature had decided to give the town a little surprise, a reminder that nothing in life was predictable, and that even the most unlikely things could happen when least expected. Emma felt a wave of joy and wonder shoot through her as she watched the snow continue to fall quietly and gently around her.

Emma knew she had to get out and enjoy this rare sight before it disappeared. She threw on a warm sweater and a scarf, and hurried out into the streets of Lillebrø, where people gathered in amazement and excitement to see the unusual weather phenomenon.

As Emma wandered through the streets, she breathed in the cold, fresh air and felt the magical atmosphere hanging over the town. Everywhere she looked, there were children playing and laughing as they threw snowballs and built snowmen, and adults standing and smiling as they took pictures and videos of the historic moment.

As the day went on, the snow began to melt and disappear, and summer returned to Lillebrø with full force. But even though the snow disappeared, the memory of the day it snowed in summer would always remain alive in Emma's heart as a symbol of the beauty and wonder of the world around her.

For Emma, the unexpected event had been more than just a weather phenomenon - it had been a reminder that even in the darkest times, there could be flashes of joy and hope, and that life always had a way of surprising and astonishing when least expected.

Min søsters nye røde sko

I den lille byen Lilleskog bodde det to søstre, Sara og Marie. De var bestevenner og delte alt sammen, fra klær og hemmeligheter til drømmer og håp. Sara var den eldste og hadde alltid passet på Marie som om hun var hennes egen lille skygge. De hadde alltid hatt en spesiell forbindelse, en bånd som var sterkt og uslitelig.

En dag, mens de gikk gjennom byens torg, kom de over en liten skobutikk som skilte seg ut blant de andre butikkene. Vinduene var pyntet med et fargerikt utvalg av sko, og skiltet utenfor lovet de siste motetrendene til overkommelige priser. Sara og Marie ble umiddelbart trukket mot butikken som om de var tiltrukket av en usynlig kraft.

Inne i butikken ble de møtt av et vennlig smilende salgsassistent som ønsket dem velkommen og hjalp dem med å finne det de lette etter. Marie, som alltid hadde vært fascinert av sko, løp bort til hyllene og begynte å bla gjennom det store utvalget av farger og stiler.

Plutselig, midt blant de mange skoene, fant Marie det hun hadde lett etter hele livet - et par nydelige røde sko. De var skinnende røde med blankpolerte overflater og glitrende stener som gnistret i lyset. Marie visste øyeblikkelig at hun måtte ha dem, og hun så på Sara med et strålende smil mens hun holdt skoene opp i luften.

Sara kunne ikke la være å smile når hun så hvor begeistret søsteren hennes var. Hun visste hvor lenge Marie hadde ønsket seg et par røde sko, og hun kunne ikke motstå synet av søsterens lykke. Så hun nikket samtykkende og sa at de skulle kjøpe skoene, så lenge de ikke brøt banken.

Med de nye skoene i hånden, gikk Sara og Marie lykkelig ut av butikken og satte kursen hjemover. Marie hadde ikke klart å vente og hadde allerede begynt å prøve de nye skoene sine, mens hun trippet bortover fortauet som om hun gikk på luft. Sara lo og ristet på hodet mens hun fulgte etter, glad for å se søsteren sin så fornøyd.

Men da de kom hjem, begynte problemene. Marie hadde blitt så opptatt av de nye skoene sine at hun hadde glemt å være forsiktig, og nå var de allerede dekket av skitt og flekker fra gaten. Sara prøvde å trøste henne og sa at det ikke var noe å bekymre seg for, men Marie var knust. Skoene hadde vært så vakre, og nå var de ødelagt før hun hadde fått sjansen til å vise dem frem.

Sara visste at hun måtte gjøre noe for å løfte Marie sinnsstemning. Så hun bestemte seg for å ta saken i egne hender og gjøre skoene like fine som nye igjen. Hun fant frem vaskeutstyr og begynte å pusse og polere skoene med all den omsorgen og oppmerksomheten hun kunne gi. Marie så på med store øyne mens Sara arbeidet, og gradvis begynte hun å smile igjen. Etter en stund, da skoene endelig var rene og skinnende igjen, ga Sara dem tilbake til Marie med et stort smil. Marie kunne knapt tro sine egne øyne da hun så skoene sine - de så ut som om de var helt nye, og glitret i lyset som om de var laget av gull. Hun kastet seg rundt halsen til Sara og takket henne igjen og igjen for all hennes hjelp.

Fra den dagen av bar Marie de røde skoene med stolthet og glede, og hun viste dem frem til alle hun møtte som om de var de mest dyrebare skattene i verden. Og selv om skoene kanskje bare var sko for noen, for Sara og Marie var de så mye mer - de var et symbol på deres sterke bånd som søstre, og et minne om den dagen de hadde delt en liten, men uvurderlig glede sammen.

My Sister's New Red Shoes

In the small town of Lilleskog, there lived two sisters, Sara and Marie. They were best friends and shared everything, from clothes and secrets to dreams and hopes. Sara was the older one and had always looked after Marie as if she were her own little shadow. They had always had a special connection, a bond that was strong and unbreakable.

One day, while walking through the town square, they came across a small shoe store that stood out among the others. The windows were adorned with a colorful selection of shoes, and the sign outside promised the latest fashion trends at affordable prices. Sara and Marie were immediately drawn to the store as if they were attracted by an invisible force.

Inside the store, they were greeted by a friendly smiling sales assistant who welcomed them and helped them find what they were looking for. Marie, who had always been fascinated by shoes, ran to the shelves and began browsing through the large selection of colors and styles.

Suddenly, amidst the many shoes, Marie found what she had been looking for her whole life - a pair of beautiful red shoes. They were shiny red with polished surfaces and sparkling stones that glistened in the light. Marie knew instantly that she had to have them, and she looked at Sara with a radiant smile as she held the shoes up in the air.

Sara couldn't help but smile when she saw how excited her sister was. She knew how long Marie had wanted a pair of red shoes, and she couldn't resist the sight of her sister's happiness. So she nodded in agreement and said they would buy the shoes, as long as they didn't break the bank.

With the new shoes in hand, Sara and Marie happily left the store and headed home. Marie couldn't wait and had already begun to try on her new shoes, while she trotted along the sidewalk as if she were walking on air. Sara laughed and shook her head as she followed, glad to see her sister so pleased.

But when they arrived home, the problems began. Marie had become so preoccupied with her new shoes that she had forgotten to be careful, and now they were already covered in dirt and stains from the street. Sara tried to comfort her, saying it wasn't anything to worry about, but Marie was crushed. The shoes had been so beautiful, and now they were ruined before she had a chance to show them off.

Sara knew she had to do something to lift Marie's spirits. So she decided to take matters into her own hands and make the shoes as good as new again. She brought out cleaning supplies and began to polish and shine the shoes with all the care and attention she could give. Marie watched with wide eyes as Sara worked, and gradually she began to smile again.

After a while, when the shoes were finally clean and shiny again, Sara handed them back to Marie with a big smile. Marie could hardly believe her eyes when she saw her shoes - they looked as if they were brand new, and sparkled in the light as if they were made of gold. She threw her arms around Sara's neck and thanked her again and again for all her help.

From that day on, Marie wore the red shoes with pride and joy, and she showed them off to everyone she met as if they were the most precious treasures in the world. And even though the shoes may have been just shoes to some, for Sara and Marie they were so much more - they were a symbol of their strong bond as sisters, and a reminder of the day they had shared a small but invaluable joy together.